# El anquilosaurio

Lori Dittmer

CREATIVE EDUCATION
CREATIVE PAPERBACKS

semillas del saber

Publicado por Creative Education y Creative Paperbacks
P.O. Box 227, Mankato, Minnesota 56002
Creative Education y Creative Paperbacks son marcas
editoriales de Creative Company
www.thecreativecompany.us

Diseño de Ellen Huber
Producción de Rachel Klimpel y Ciara Beitlich
Dirección de arte de Rita Marshall
Traducción de TRAVOD, www.travod.com

Fotografías de Alamy (Daniel Eskridge, NAPA, Universal Images Group
North America LLC / DeAgostini), iStock (Ieonello), National Geographic
(Royal Tyrrell Museum), Science Source (Deagostini, James Kuether/
Science Photo Library, SPL), Shutterstock (Catmando, Daniel Eskridge,
Herschel Hoffmeyer, Ralf Juergen Kraft, Warpaint), SuperStock
(Stocktrek Images), Tumblr (American Museum of Natural History)

Cataloging-in-Publication data is available from the Library of Congress.
ISBN 9781640267299 (library binding)
ISBN 9781682772874 (paperback)
ISBN 9781640008939 (eBook)

LCCN 2022048627

Impreso en China

# TABLA DE CONTENIDO

# ¡Hola, anquilosaurio!

Este dinosaurio
vivió hace mucho
tiempo.

En esa época, también vivían el *tiranosaurio rex* y el *tricerátops*.

# Barnum Brown le puso este nombre en 1908.

*Anquilosaurio* significa "lagarto rígido". Las vértebras de la espalda crecieron juntas.

El *anquilosaurio* pesaba más o menos lo mismo que un elefante.

Caminaba en cuatro patas.
Su cabeza y espalda estaban
cubiertas de placas de hueso
y púas. Tenía la piel dura.

En la punta de la cola, tenía un mazo de hueso. Se cree que el *anquilosaurio* la usaba para pelear.

Con el mazo, podía
romper huesos.

Este dinosaurio comía plantas.

Con su fuerte pico,
agarraba hojas.

El *anquilosaurio* pesado mecía
su cabeza con cuernos.

**¡La comida estaba cerca!**

**Lo olfateaba en el aire.**

# ¡Adiós, anquilosaurio!

# Imagina un *anquilosaurio*

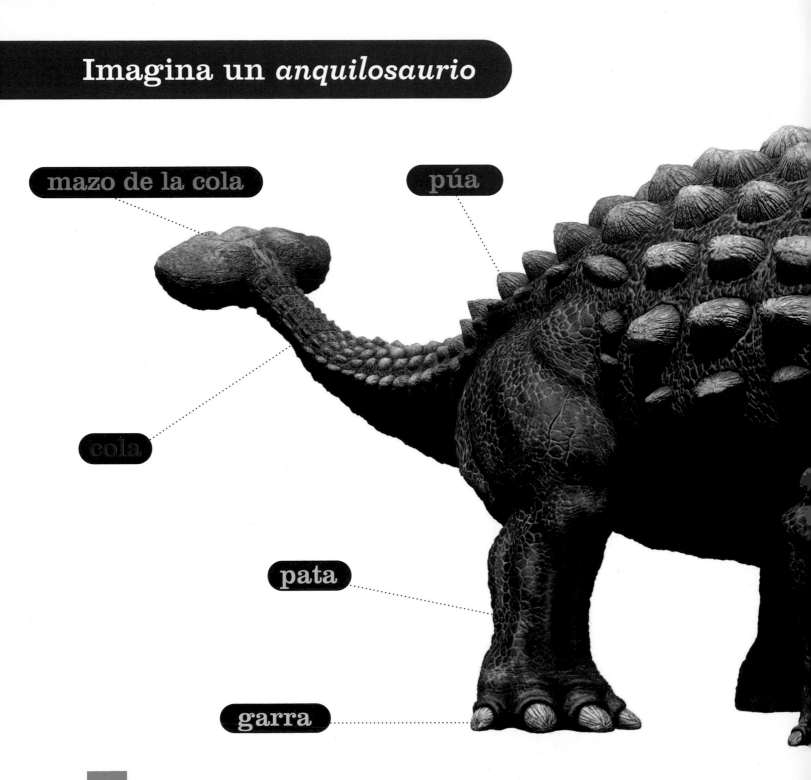

mazo de la cola

púa

cola

pata

garra

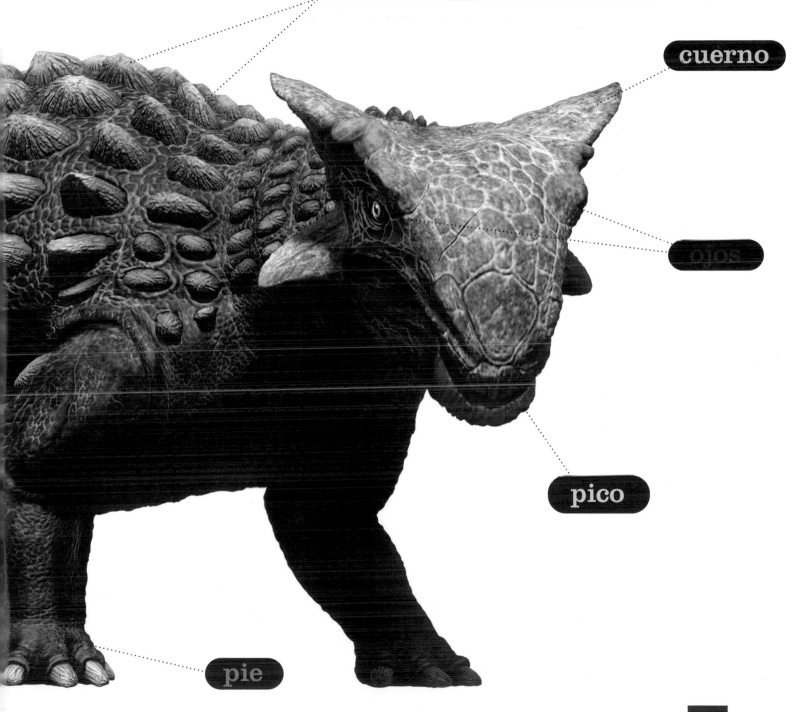

**placas de hueso (escudos)**

**cuerno**

**ojos**

**pico**

**pie**

**mazo:** la parte hecho de hueso al final de la cola

**pico:** la parte dura y puntiaguda de la boca de algunos animales

**púa:** objeto filoso y puntiagudo

# Índice